Chris Hohlstamm von Dehnen zu Wendhausen

Das Elternbuch

„Mama“

Die Geschichte meines Lebens

Für meine Kinder

Impressum

Rechtliches und Copyright:

Bibliografische Information der Deutschen Nationalbibliothek:
Die Deutsche Nationalbibliothek verzeichnet diese Publikation in der Deutschen Nationalbibliografie; detaillierte bibliografische Daten sind im Internet über http://dnb.dnb.de abrufbar.

Ausgabe: 1. Auflage 06.2025
Grafik, Gestaltung, Lektorat: Chris Hohlstamm von Dehnen zu Wendhausen
Korrektorat: Chris Hohlstamm von Dehnen zu Wendhausen, Mein Lebensfreudeverlag

Verlag: BoD · Books on Demand GmbH, Überseering 33, 22297 Hamburg,
bod@bod.de

Druck: Libri Plureos GmbH, Friedensallee 273, 22763 Hamburg

ISBN: 978-3-8192-1076-1

MIX
Papier aus verantwortungsvollen Quellen
Paper from responsible sources
FSC® C105338

Inhaltsverzeichnis

Für was ist dieses Buch ...

(Dieses Buch soll ein Andenken sein, für ein gelebtes Leben....)

Teil 1

Wer ich bin

Mama

Mama

Mein vollständiger Name und warum ich so heiße

Mein Geburtstag, Geburtszeit und Geburtsort

Meine Eltern – deine Großeltern:
Wer sie waren, was sie mir mitgegeben haben

Meine Geschwister – unsere Beziehung und gemeinsame Erinnerungen

Über meine Wurzeln – Herkunft, Traditionen, Werte

Mein Charakter – Was mich ausmacht

Meine größten Stärken und Schwächen

Mama

Teil 2

Meine Kindheit und Jugend

Mama

Wo ich aufgewachsen bin – Zuhause, Stadt, Natur

Das war mein Kinderzimmer

Meine schönsten Kindheitserinnerungen

Was ich geliebt habe – Spielzeug, Rituale, Tiere

Meine ersten Rollschuhe, Fahrrad, Motorrad

Das war mein Liebingsspiel

Das hat mich total genervt

Das habe ich gemacht, wenn ich traurig oder genervt war

Das habe ich gemacht, wenn ich total happy war

Was ich nicht mochte

Was ich mochte

Das fand ich echt ekelig

Das fand ich total süß / goldig

Das war meine Lieblingsfarbe

Das war mein Lieblings-Kuscheltier

Das habe ich total gerne gegessen / getrunken

Da habe ich mich immer sehr gerne aufgehalten

Das waren meine größten Probleme

Das hat mir meine Mama mit auf den Weg gegeben

Das hat mir mein Papa mit auf den Weg gegeben

Das habe ich von meinen Großeltern gelernt

Meine Ängste, Strafen, Herausforderungen – womit ich zu kämpfen hatte

Meine ersten Freundschaften – Was sie mir bedeuteten

Meine erste große Liebe

Das habe ich gemacht, wenn ich verliebt war

Das war meine Schule

Das waren meine Freunde in der Schule

Mit diesen Kindern habe ich am liebsten gespielt, weil …

Meine Lieblingsfächer, Lehrer:innen, Pausenhof in der Schule

Das waren unsere Ferien

Das waren unsere Familienfeste

Das waren unsere Familienrituale und Regeln

Diese 3 Personen aus unserer Familie waren etwas ganz Besonderes für mich

1.) Name:

2.) Name:

3.) Name:

Ich als Teenager – meine Träume, Hobbys, Musik und Lieblingskleidung

Was ich aus dieser Zeit fürs Leben mitgenommen habe

Mama

Teil 3

Mein Weg ins Erwachsenenleben

Mama

Das wollte ich von Beruf werden

Darum bin ich das (nicht) geworden

Meine Ausbildung(en) und beruflicher Start

Das habe ich mit meinem ersten selbst verdienten Geld gemacht

Meine erste eigene Wohnung in ..., erstes Geld, neue Freiheit

Meine ersten Möbel

Mein erstes Motorrad, Auto, ……………

Mein erster richtiger Liebeskummer – und was er in mir bewegt hat

Wendepunkte, an denen ich gewachsen bin

Entscheidungen, die mein Leben geprägt haben

Menschen, die mich inspiriert oder beeinflusst haben

Das waren meine Vorbilder

Das waren meine Lebenslehrer

Politik fand ich …

Die Themen fand ich interessant

So wollte ich mich immer entwickeln

Das wollte ich immer lernen

Das waren meine Ziele und Wünsche

Da war ich total dagegen, weil …

Das war meine Lebens-Vision / Mission

Und das ist (nicht) daraus geworden, weil …

So habe ich mich damals gesehen

Mein Blick auf das Erwachsensein damals – und heute

Mama

Teil 4

Als ich/wir dich bekommen habe/n

Mama

In deinen Vater war ich verliebt, weil …

So ist es dann passiert (deine Zeugung)

Der Moment, als ich/wir erfahren habe/n, dass du zu mir/uns kommst

Die Schwangerschaft – Gedanken, Gefühle, Veränderungen

Die Geburt, so habe ich sie erlebt

So habe ich den Tag deiner Geburt erlebt

Deine Geburtsdaten auf einen Blick

Wie du ausgesehen hast – mein/unser erster Blick auf dich

Mein/unser erster Gedanke über dich

Das waren meine/unsere Wünsche für dich und für dein Leben

Warum du mein/unser Leben verändert hast – auf allen Ebenen

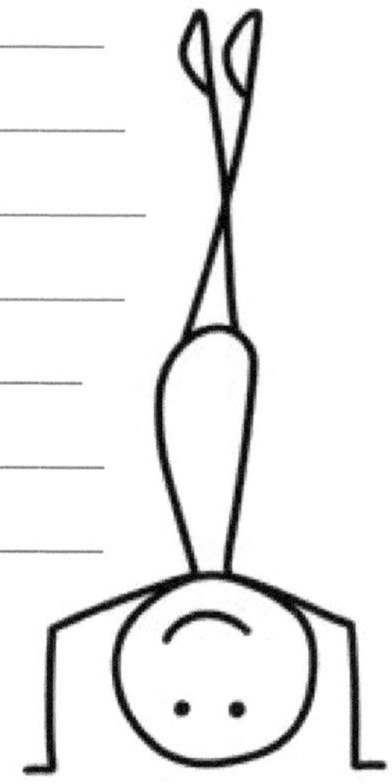

Unsere erste Zeit – Nächte, Kuscheln, Weinen, Lachen, Staunen, …

Diese Rituale und Gewohnheiten haben uns geprägt

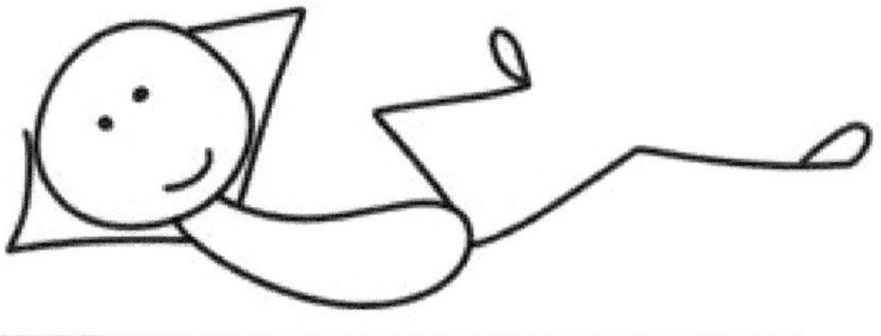

Meilensteine – Deine ersten Schritte, Worte, Erlebnisse, Dummheiten, Versuche, …

Worüber ich oft schmunzeln musste mit dir (mit Papa)

Darüber habe/n ich/wir uns aufgeregt, weil …

Meine/unsere größten Aha-Momente als Mama/Papa

Mama

Teil 5

Was ich dir sagen möchte

Mama

Was ich mir für dich und dein Leben wünsche

Was ich an dir liebe und bewundere

Was ich denke, was du noch unbedingt lernen musst

Was ich dir gerne sagen möchte – auch wenn ich es nicht immer zeige

Was ich mir für unsere Verbindung/Beziehung wünsche – heute und in Zukunft

Dinge, die du über mich wissen solltest (Geheimnisse, Stärken, Fehler)

Was ich über das Leben, Liebe und Glück gelernt habe

Meine liebsten Sprüche, Weisheiten, Bücher, Lieder, CDs, Schallplatten

Dinge, auf die ich stolz bin

Dinge, die ich heute bereue

Mein Rat an dich, wenn du mal zweifelst oder traurig bist

Wenn ich einmal nicht mehr bin, dann …

Denke immer daran …

Denke immer daran, dass ich dich liebe, weil …

Vergiss niemals, dass ...

Eine Botschaft an dein Herz – für alle Zeiten

Mama

Teil 6
Erinnerungen & Andenken

Mama

Das sind so Lieblingsfotos, aus verschiedenen Lebensphasen

Hier sind Briefe an dich (z. B. zu deiner Geburt, Einschulung, deinem 18. Geburtstag)

Das sind Zeichnungen, kleine Andenken, Sprüche

Das ist unser Stammbaum

Unsere Familien-Geschichte in Bildern – Fotocollage-Seiten

Hier ist eine kleine persönliche Erinnerung (z. B. Umschlag oder Tasche)

Erinnerung

Erinnerung

Erinnerung

Erinnerung

Weitere Bücher von Chris Hohlstamm von Dehnen z. W.

Erhältlich unter: **www.lebensfreudeverlag.de**

Sie sind ein Glückspilz

Der Ratgeber für eine grandios glückliche Lebenszeit!

14,90 €

Heile deine Ahnen – Heile dich selbst

Mit mentalen Techniken alte Energien transformieren.

24,70 €

Mitten unter uns – Engel zum Anfassen

Entdecke die magische Welt der Engel – hautnah und greifbar!

17,70 €

Im Licht deiner Seele

Heilung finden – Hoffnung leben – Stärke entfalten

12,70 €

Wenn du nicht aufwachst, stirbst du tot!

Deine Reise zu einem bewussten Leben!

12,70 €

Bodhisattva

Vom gemobbten Pfarrerssohn zum Therapeuten und Menschenfreund

17,70 €

Wie Sie spielend Ihr Traumleben verwirklichen

... und innerlich & äußerlich reich werden!

7,50 €

Die Reise ins Licht

Spirituelle Praktiken für kosmische Energie, Selbstvertrauen und ganzheitliches Bewusstsein!

8,70 €

7 Methoden, um dich von negativen Energien zu befreien

11,11 €

Die 25 goldenen Glücksregeln

... für ein Leben in Wohlstand, Reichtum und Harmonie!

17,90 €

9 Schritte zu Unerschütterlichem Selbstvertrauen

Steigere Dein Selbstbewusstsein, Deine Energy, Kraft und Leistungsfähigkeit, ...

14,90 €

Erste Hilfe für die Partnerschaft

32 praktische Tipps, wie ihr Konflikte einfach lösen könnt, damit Harmonie und Liebe wieder sicht- und spürbar werden!

12,70 €

Business meets Kampfkunst

Erfolgs-Strategien für Selbstständige, Führungskräfte und Unternehmer!

19,90 €

Erfolg ist D/eine Entscheidung

Erfolg ist kein Zufall! Er ist das Ergebnis bewusster Entscheidungen.

19,70 €

Der Geldfluss-Code

Überwinde limitierende Glaubenssätze und erlebe die natürliche Anziehung von Glück und Wohlstand!

12,70 €